Silke Holtz

Leistungsdifferenzierte Wochenplanarbeit

Deutsch, 6. Klasse

Die Autorin: Silke Holtz – unterrichtet an einer Gesamtschule in Stralsund die Fächer Deutsch, Sport und Philosophie.

Gedruckt auf umweltbewusst gefertigtem, chlorfrei gebleichtem
und alterungsbeständigem Papier.

1. Auflage 2010
Nach den seit 2006 amtlich gültigen Regelungen der Rechtschreibung
© Persen Verlag
AAP Lehrerfachverlage GmbH
Alle Rechte vorbehalten

Das Werk als Ganzes sowie in seinen Teilen unterliegt dem deutschen Urheberrecht. Der Erwerber des Werkes ist berechtigt, das Werk als Ganzes oder in seinen Teilen für den eigenen Gebrauch und den Einsatz im eigenen Unterricht zu nutzen. Downloads und Kopien dieser Seiten sind nur für den genannten Zweck gestattet, nicht jedoch für einen weiteren kommerziellen Gebrauch, für die Weiterleitung an Dritte oder für die Veröffentlichung im Internet oder in Intranets. Die Vervielfältigung, Bearbeitung, Verbreitung und jede Art der Verwertung außerhalb der Grenzen des Urheberrechtes bedürfen der vorherigen schriftlichen Zustimmung des Verlages.

Illustrationen: Julia Flasche
Satz: MouseDesign Medien AG, Zeven

ISBN 978-3-8344-**3271**-1

www.persen.de

Inhalt

Einführung 4

Die Story
Erklärung der Ausgangssituation 6

Level I: **Ready, go!**
               Wortfinderätsel 7

Level II: **Der Lotusbaum**
               Groß- und Kleinschreibung 10

Level III: **Der Schakal**
               Die Fabel 14

Level IV: **Die Kobra**
               s-Laute (-s, -ss, -ß) 20

Level V: **Klaus, das Krokodil**
               Wortarten 23

Level VI: **Der Nil**
               Zahlenrätsel 26

Level VII: **Die Wüste**
               Eine Erzählung 29

Level VIII: **Die Dünen**
               Ähnlich klingende Konsonanten (d/t, b/p, g/k, f/v/ph) ... 35

Level IX: **Die Sphinx**
               Ein Comic 38

Level X: **Die Pyramide**
               Ägyptenquiz 44

Level XI: **Kleopatra**
               Satzzeichen und Satzglieder, Leseverständnis 47

Level XII: **Die Mumie**
               Das Ende der Mission Ägypten 53

Anhang
Aufgabenblatt Wochenplan 59
Lösungen 60
Copyrightvermerk 66

Schwierigkeitsstufen

Anfänger   Fortgeschrittener   Profi

Einführung

Die Differenzierung im Deutschunterricht ist heutzutage wichtiger denn je. Steigende Differenzen im Wissen, ein unterschiedliches Lernverhalten und verschiedene Interessen sind nur einige Ursachen dafür. Die Differenzierung kann auf vielförmige Arten stattfinden. Im Folgenden werden verkürzte Aufgaben, die Verlängerung der Arbeitszeit, dem Sprachverständnis angepasste Aufgabenstellungen und eventuelle Lösungshilfen genutzt.

Die Arbeitsblätter der **Leistungsdifferenzierten Wochenplanarbeit** schickt die Schüler/-innen auf eine aufregende Fantasiereise – auf die „Mission Ägypten". Zwei Kinder entdecken beim Surfen im Internet eine Schatzkarte. Ihre Neugierde bringt sie zu dem Entschluss, den Schatz zu suchen. Das ist aber nur möglich, wenn sich eines der beiden Kinder in den Computer und somit in die ägyptische Welt, in der sich der Schatz befindet, beamen lässt. Das andere Kind navigiert am Computer in der realen Welt, so als wäre das Kind in der Computerwelt eine Spielfigur. Nach und nach müssen Aufgaben gelöst werden, um dem Schatz näher zu kommen. Diese Aufgaben beziehungsweise Hindernisse entstammen den verschiedenen Gebieten des Deutschunterrichts. Der Computer steht ebenso wie das Land Ägypten im Mittelpunkt der Aufgaben. Daher werden die einzelnen Stationen der Schatzsuche als Level bezeichnet. Der jeweilige Untertitel wird von einem typischen Tier, einer bekannten Sehenswürdigkeit oder berühmten Person Ägyptens gebildet.

* Den Beginn der Mission bildet das **Level I: Ready, go!**. Hier sollen die Schüler/-innen in einem Gitterrätsel Wörter finden und markieren. Die restlichen Buchstaben ergeben den Hinweis der Fortbewegungsart, die das Kind in dem Computer während der gesamten Schatzsuche annehmen soll.
* In **Level II: Der Lotusbaum** müssen die Mädchen und Jungen ihre Kenntnisse bezüglich der Groß- und Kleinschreibung unter Beweis stellen. Der Liedtext von „Gehn wie ein Ägypter" der deutschen Rockband „Die Ärzte" dient dabei als Grundlage. Der gesamte Text ist kleingeschrieben und soll in die richtige Schreibweise umgeschrieben werden.
* Das **Level III: Der Schakal** fragt das Fabelwissen der Kinder ab. Sie sollen dabei nicht nur die Merkmale dieser nennen, sondern auch eigenständig eine Fabel schreiben.
* Anschließend wartet auf die Schatzsucher in **Level IV: Die Kobra**. Schlangen zischen bekanntlich, was die Anwendung des richtigen s-Lautes erschwert. Die Schatzsucher sollen bei der Wahl des richtigen s-Lautes helfen und diese erklären.
* Nach der Kobra werden die Kinder in **Level V** von einem weiteren Tier empfangen. **Klaus, das Krokodil** sorgt für die nächste Aufgabe. Diese bezieht sich auf die Wortarten, welche von den Kindern erkannt und zugeordnet werden sollen.
* In **Level VI: Der Nil** bietet ein Zahlenrätsel etwas Abwechslung. Gleichzeitig werden die Schatzsucher für das Bestreiten des **Levels VII: Die Wüste** motiviert. Das siebte Level erfordert von den Mädchen und Jungen das Schreiben einer Erzählung.
* **Level VIII: Die Dünen** begrüßt die Schatzsucher mit ähnlich klingenden Konsonanten, die von den Kindern richtig erkannt, erklärt und eingesetzt werden sollen.
* Anschließend erreichen die Kinder in **Level IX** die geheimnisvolle **Sphinx** und sind somit schon fast am Ziel angelangt. In diesem Level sollen die Schüler/-innen einen Comic schreiben und zeichnen, der die Sphinx beeindrucken soll.
* In **Level X: Die Pyramide** wird mit einem Quiz das Ägyptenwissen der Kinder abgefragt.
* Im **vorletzten Level** fragt **Kleopatra** die Schatzsuchenden die Zeichensetzung und Satzglieder ab. Außerdem erfragt sie Daten

Einführung

aus ihrem Leben.
* Dann ist es endlich so weit. Die Kinder kommen im letzten Level, **Level XII: Die Mumie**, und somit bei dem Schatz an. Die Mumie, die den Schatz bewacht, kann nur mit einem Witz überlistet werden. Diese Aufgabe ist jedoch noch nicht der Abschluss der Mission, denn dieser ist noch offen. Die Kinder sollen eigenständig das Ende dieser Schatzsuche schreiben.

 Alle genannten Aufgaben sind in drei Schwierigkeitsstufen unterteilt. Die Buchstaben stehen für **A**nfänger, **F**ortgeschrittener und **P**rofi, die ihrerseits den Schwierigkeitsgraden in Computerspielen entsprechen.

Im Anhang finden Sie einen umfangreichen Lösungsteil. Einige Levels eröffnen jedoch die Möglichkeit mehrerer Lösungsvarianten, sodass hier lediglich die Bewertungskriterien aufgeschlüsselt sind. Die Lösungsvorlagen können z. T. auch für eine Selbstkontrolle der Schüler/-innen genutzt werden.

Die Arbeitsblätter wurden für eine Wochenplanarbeit in der Klassenstufe 6 entwickelt. Alle Themen des Deutschunterrichts, mündliche und schriftliche Kommunikation, Literatur und andere Medien, Sprache und Sprachgebrauch, werden von ihnen bedient. Die zwölf verschiedenen Stoffgebiete sollten im Vorfeld behandelt worden sein. Vorstellbar ist auch, dass die Arbeitsblätter getrennt voneinander behandelt werden, sodass die Geschichte erst nach und nach für die Schüler/-innen sichtbar wird. Die Aufgaben bauen auf denen der Wochenplanarbeit für die Klassenstufe 5 auf (siehe Silke Holtz: Leistungsdifferenzierte Wochenplanarbeit I – Deutsch).

Die Story

Du und ein Freund haben beim Surfen im Internet eine Schatzkarte gefunden, die euch den Weg zu einem verborgenen Schatz weisen soll. Es gibt jedoch ein Problem: Der Schatz kann nur von einem Kind geborgen werden, das mutig genug ist, sich in die ägyptische Welt des Computers beamen zu lassen. Dein Freund erklärt sich dazu bereit. Deine Aufgabe ist es, deinen Freund durch Ägypten zu steuern. Wie in einem Computerspiel kannst du alles auf dem Bildschirm verfolgen und bestimmen.

Betrachte die Karte genau, damit du deinen Freund auf den richtigen Weg bringen und von den Gefahren fernhalten kannst.

Level I: Ready, go!

Eure erste Aufgabe besteht darin, in Ägypten nicht aufzufallen. Da ihr aber schon anders aussteht als die Einheimischen, ist diese Aufgabe nicht leicht. Die Lösung zu diesem Problem findet ihr in dem Rätsel.

1. Finde die 10 versteckten Wörter und markiere sie.

waagerecht	**senkrecht**	**diagonal**
Afrika	Pharao	Wueste
Pyramide	Esel	Sphinx
Nil	Kleopatra	
Kamel		
Kairo		

G	A	F	R	I	K	A	K
K	A	M	E	L	N	I	L
P	Y	R	A	M	I	D	E
H	E	H	N	W	S	T	O
A	I	E	E	P	S	E	P
R	I	N	H	E	A	S	A
A	E	I	U	G	Y	E	T
O	N	W	P	T	E	L	R
X	R	K	A	I	R	O	A

2. Suche anschließend die übrigen Buchstaben und bringe diese in die richtige Reihenfolge.

Tipp: Hinter der Lösung verbirgt sich ein Hinweis für die richtige Fortbewegungsart, die dein Freund dann sofort annehmen muss, damit er unentdeckt bleibt.

Level I: Ready, go!

Eure erste Aufgabe besteht darin, in Ägypten nicht aufzufallen. Da ihr aber schon anders aussseht als die Einheimischen, ist diese Aufgabe nicht leicht. Die Lösung zu diesem Problem findet ihr in dem Rätsel.

1. Finde die 10 versteckten Wörter und markiere sie.

Kamel	Afrika	Wueste	Sphinx
Pharao	Esel	Nil	Kleopatra
	Kairo	Pyramide	

G	A	F	R	I	K	A	K
K	A	M	E	L	N	I	L
P	Y	R	A	M	I	D	E
H	E	H	N	W	S	T	O
A	I	E	E	P	S	E	P
R	I	N	H	E	A	S	A
A	E	I	U	G	Y	E	T
O	N	W	P	T	E	L	R
X	R	K	A	I	R	O	A

2. Suche anschließend die übrigen Buchstaben und bringe diese in die richtige Reihenfolge.

Tipp: Hinter der Lösung verbirgt sich ein Hinweis für die richtige Fortbewegungsart, die dein Freund dann sofort annehmen muss, damit er unentdeckt bleibt.

Level I: Ready, go!

Eure erste Aufgabe besteht darin, in Ägypten nicht aufzufallen. Da ihr aber schon anders aussehlt als die Einheimischen, ist diese Aufgabe nicht leicht. Die Lösung zu diesem Problem findet ihr in dem Rätsel.

1. **Finde die 10 versteckten Wörter, die alle etwas mit Ägypten zu tun haben, und markiere sie.**

2. **Suche anschließend die übrigen Buchstaben und bringe diese in die richtige Reihenfolge.**

Tipp: Hinter der Lösung verbirgt sich ein Hinweis für die richtige Fortbewegungsart, die dein Freund dann sofort annehmen muss, damit er unentdeckt bleibt.

G	A	F	R	I	K	A	K
K	A	M	E	L	N	I	L
P	Y	R	A	M	I	D	E
H	E	H	N	W	S	T	O
A	I	E	E	P	S	E	P
R	I	N	H	E	A	S	A
A	E	I	U	G	Y	E	T
O	N	W	P	T	E	L	R
X	R	K	A	I	R	O	A

_____

_____

_____

_____

Level II: Der Lotusbaum

Hinter dem Lösungswort aus dem Rätsel im ersten Level verbirgt sich jedoch nicht nur der Hinweis zur richtigen Fortbewegung, sondern gleichzeitig der Titel eines Songs einer deutschen Punkrock-Band. Nachfolgend findest du den Text der ersten Strophe.

1. **Gib dem Text die korrekte Überschrift.**
2. **Der Text wurde aufgeschrieben, während das Lied im Radio lief. Der Schreiber musste sich so beeilen, dass er keine Zeit hatte, die Groß- und Kleinschreibung zu beachten. Verbessere diese, indem du den Text sauber und korrigiert abschreibst.**

Tipp: Eigennamen werden großgeschrieben.

Die ärzte

ich war in kairo und auch am blauen nil war ich schon einmal,
und selbstverständlich war ich auch am suezkanal.
ich war in gizeh, dort wo die drei spitzen pyramiden stehen.
ich sah die sphinx und glaubt mir, ich fand sie wunderschön.
aber eins fand ich ziemlich schwer:
gehn wie ein ägypter.

Schicke deinen Freund mit diesem Text weiter zum Lotusbaum. Dieser versperrt den Weg und nur die richtige Rechtschreibung öffnet die Schranke.

Level II: Der Lotusbaum

Hinter dem Lösungswort aus dem Rätsel im ersten Level verbirgt sich jedoch nicht nur der Hinweis zur richtigen Fortbewegung, sondern gleichzeitig der Titel eines Songs einer deutschen Punkrock-Band. Nachfolgend findest du den Text der ersten Strophe.

1. **Gib dem Text die korrekte Überschrift.**
2. **Der Text wurde aufgeschrieben, während das Lied im Radio lief. Der Schreiber musste sich so beeilen, dass er keine Zeit hatte, die Groß- und Kleinschreibung zu beachten. Verbessere diese, indem du den Text sauber und korrigiert abschreibst.**

> Die ärzte
>
> _____
>
> _____
>
> ich war in kairo und auch am blauen nil war ich schon einmal,
> und selbstverständlich war ich auch am suezkanal.
> ich war in gizeh, dort wo die drei spitzen pyramiden stehen.
> ich sah die sphinx und glaubt mir, ich fand sie wunderschön.
> aber eins fand ich ziemlich schwer:
> gehn wie ein ägypter.

Schicke deinen Freund mit diesem Text weiter zum Lotusbaum. Dieser versperrt den Weg und nur die richtige Rechtschreibung öffnet die Schranke.

Level II: Der Lotusbaum

Hinter dem Lösungswort aus dem Rätsel im ersten Level verbirgt sich jedoch nicht nur der Hinweis zur richtigen Fortbewegung, sondern gleichzeitig der Titel eines Songs einer deutschen Punkrock-Band. Nachfolgend findest du den Text der ersten Strophe.

1. **Gib dem Text die korrekte Überschrift.**
2. **Der Text wurde aufgeschrieben, während das Lied im Radio lief. Der Schreiber musste sich so beeilen, dass er keine Zeit hatte, die Groß- und Kleinschreibung zu beachten. Verbessere diese, indem du den Text sauber und korrigiert abschreibst.**

Die ärzte

ich war in kairo und auch am blauen nil war ich schon einmal,
und selbstverständlich war ich auch am suezkanal.
ich war in gizeh, dort wo die drei spitzen pyramiden stehen.
ich sah die sphinx und glaubt mir, ich fand sie wunderschön.
aber eins fand ich ziemlich schwer:
gehn wie ein ägypter.

Level II: Der Lotusbaum

3. In der Regel werden Verben und Adjektive kleingeschrieben. Es gibt allerdings Ausnahmen. Nenne und erkläre diese. Verdeutliche deine Antwort mit mindestens drei verschiedenen Beispielen!

___

Schicke deinen Freund mit diesem Text weiter zum Lotusbaum. Dieser versperrt den Weg und nur die richtige Rechtschreibung öffnet die Schranke.

Level III: Der Schakal

Hinter dem Lotusbaum wartet ein Schakal auf deinen Freund. Dieser ist sehr hungrig und müde zugleich, was sowohl Mensch als auch Tier gewöhnlich böse und missmutig werden lässt. Da dein Freund kein Futter in der Tasche hat, müsst ihr euch etwas anderes überlegen. Schnell kommt dir die Idee einer Geschichte, die den Schakal hoffentlich einschlafen lässt. Es handelt sich dabei aber nicht um irgendeine Geschichte sondern um eine Fabel.

1. **Nenne 2 wesentliche Merkmale einer Fabel.**

   _____

   _____

   _____

   _____

2. **Wer gilt als Gründer der Fabel? Nenne den Namen des Mannes.**

   _____

3. **Wenn du die vorherigen Fragen gut beantworten konntest, bist du perfekt vorbereitet, um nun eine eigene Fabel zu schreiben. Nutze dafür die folgenden Wörter:**

Bambusrohr • Hyäne • Steinbock • Maulbeerfeigen • Habicht

Tipp: Beachte beim Schreiben die Merkmale einer Fabel. Denk an die Überschrift!

Level III: Der Schakal

Level III: Der Schakal

Hinter dem Lotusbaum wartet ein Schakal auf deinen Freund. Dieser ist sehr hungrig und müde zugleich, was sowohl Mensch als auch Tier gewöhnlich böse und missmutig werden lässt. Da dein Freund kein Futter in der Tasche hat, müsst ihr euch etwas anderes überlegen. Schnell kommt dir die Idee einer Geschichte, die den Schakal hoffentlich einschlafen lässt. Es handelt sich dabei aber nicht um irgendeine Geschichte sondern um eine Fabel.

1. **Nenne 3 wesentliche Merkmale einer Fabel.**

   _____

   _____

   _____

   _____

2. **Wer gilt als Gründer der Fabel? Nenne den Namen des Mannes.**

   _____

3. **Wenn du die vorherigen Fragen gut beantworten konntest, bist du perfekt vorbereitet, um nun eine eigene Fabel zu schreiben. Nutze dafür die folgenden Wörter:**

Bambusrohr • Hyäne • Steinbock • Maulbeerfeigen • Habicht

Tipp: Beachte beim Schreiben die Merkmale einer Fabel.

Level III: Der Schakal

Level III: Der Schakal

Hinter dem Lotusbaum wartet ein Schakal auf deinen Freund. Dieser ist sehr hungrig und müde zugleich, was sowohl Mensch als auch Tier gewöhnlich böse und missmutig werden lässt. Da dein Freund kein Futter in der Tasche hat, müsst ihr euch etwas anderes überlegen. Schnell kommt dir die Idee einer Geschichte, die den Schakal hoffentlich einschlafen lässt. Es handelt sich dabei aber nicht um irgendeine Geschichte sondern um eine Fabel.

1. **Nenne 4 wesentliche Merkmale einer Fabel.**

   _____
   _____
   _____
   _____
   _____
   _____

2. **Wer gilt als Gründer der Fabel?**

   _____

3. **Wenn du die vorherigen Fragen gut beantworten konntest, bist du perfekt vorbereitet, um nun eine eigene Fabel zu schreiben. Nutze dafür die folgenden Wörter:**

Bambusrohr • Hyäne • Steinbock • Maulbeerfeigen • Habicht

Level III: Der Schakal

Level IV: Die Kobra

Der Schakal ist tatsächlich eingeschlafen und die Schatzsuche kann weitergehen. Doch plötzlich erschreckst du dich. Ein lautes Zischen dröhnt in deinen Ohren und du siehst deinen vor Angst erstarrten Freund. Als du deinen Blick weiterwandern lässt, entdeckst du eine riesige Schlange. Böse zischt diese deinen Freund an, denn sie hat ein Problem: Sie möchte ihrem besten Freund zum Geburtstag gratulieren, doch die ständigen Zischlaute hindern die Kobra daran. Du sollst ihr helfen, die richtigen s-Laute zu erlernen.

1. **Welche drei s-Laute kennst du? Nenne sie!**

   _____

2. **Setze die richtigen s-Laute in die Lücken. Übe anschließend leise das Lesen mit der Kobra.**

   Lieber Klau__,

   nun bi__t du __chon __iebzehn Jahre alt,

   doch deine Haut i__t noch immer fri__ch und kalt.

   Dein Alter i__t dir nicht anzu__ehen,

   hoffentlich werden wir gemein__am noch durch viele Jahre gehen.

   Ich wün__che dir, da__ du gela__en bleib__t

   und allen die kalte __chulter zeig__t,

   die glauben, da__ deine be__ten Jahre vorbei wären.

   Heute i__t ein Tag zu deinen Ehren,

   drum la__ un__ feiern, tanzen und __ingen.

   Deine Gä__te __ollen dir viele Ge__chenke bringen.

   Ob Va__en für die Blumensträu__e, Bücher zum Le__en

   oder Mu__ik für die __innlichen Augenblicke im Leben,

   da__ alle__ soll dir viel __pa__ bereiten

   und erheitern dir zukünftige Zeiten.

   Ich wün__che dir Ge__undheit und alle__ Gute!

   Deine Ute

3. **Welchen s-Laut hast du gesetzt? Begründe an mindestens 3 Beispielen!**

   _____

   _____

   _____

Level IV: Die Kobra

Der Schakal ist tatsächlich eingeschlafen und die Schatzsuche kann weitergehen. Doch plötzlich erschreckst du dich. Ein lautes Zischen dröhnt in deinen Ohren und du siehst deinen vor Angst erstarrten Freund. Als du deinen Blick weiterwandern lässt, entdeckst du eine riesige Schlange. Böse zischt diese deinen Freund an, denn sie hat ein Problem: Sie möchte ihrem besten Freund zum Geburtstag gratulieren, doch die ständigen Zischlaute hindern die Kobra daran. Du sollst ihr helfen, die richtigen s-Laute zu erlernen.

1. Welche s-Laute kennst du? Nenne sie!

_____

2. Setze die richtigen s-Laute in die Lücken. Übe anschließend leise das Lesen mit der Kobra.

Lieber Klau__,
nun bi__t du __chon __iebzehn Jahre alt,
doch deine Haut i__t noch immer fri__ch und kalt.
Dein Alter i__t dir nicht anzu__ehen,
hoffentlich werden wir gemein__am noch durch viele Jahre gehen.
Ich wün__che dir, da__ du gela__en bleib__t
und allen die kalte __chulter zeig__t,
die glauben, da__ deine be__ten Jahre vorbei wären.
Heute i__t ein Tag zu deinen Ehren,
drum la__ un__ feiern, tanzen und __ingen.
Deine Gä__te __ollen dir viele Ge__chenke bringen.
Ob Va__en für die Blumensträu__e, Bücher zum Le__en
oder Mu__ik für die __innlichen Augenblicke im Leben,
da__ alle__ soll dir viel __pa__ bereiten
und erheitern dir zukünftige Zeiten.
Ich wün__che dir Ge__undheit und alle__ Gute!
Deine Ute

3. Welchen s-Laut hast du gesetzt? Begründe an mindestens 4 Beispielen!

_____

_____

_____

_____

Level IV: Die Kobra

Der Schakal ist tatsächlich eingeschlafen und die Schatzsuche kann weitergehen. Doch plötzlich erschreckst du dich. Ein lautes Zischen dröhnt in deinen Ohren und du siehst deinen vor Angst erstarrten Freund. Als du deinen Blick weiterwandern lässt, entdeckst du eine riesige Schlange. Böse zischt diese deinen Freund an, denn sie hat ein Problem: Sie möchte ihrem besten Freund zum Geburtstag gratulieren, doch die ständigen Zischlaute hindern die Kobra daran. Du sollst ihr helfen, die richtigen s-Laute zu erlernen.

1. Welche s-Laute kennst du? Nenne sie!

_____

2. Setze die richtigen s-Laute in die Lücken. Übe anschließend leise das Lesen mit der Kobra.

Lieber Klau__,
nun bi__t du __chon __iebzehn Jahre alt,
doch deine Haut i__t noch immer fri__ch und kalt.
Dein Alter i__t dir nicht anzu__ehen,
hoffentlich werden wir gemein__am noch durch viele Jahre gehen.
Ich wün__che dir, da__ du gela__en bleib__t
und allen die kalte __chulter zeig__t,
die glauben, da__ deine be__ten Jahre vorbei wären.
Heute i__t ein Tag zu deinen Ehren,
drum la__ un__ feiern, tanzen und __ingen.
Deine Gä__te __ollen dir viele Ge__chenke bringen.
Ob Va__en für die Blumensträu__e, Bücher zum Le__en
oder Mu__ik für die __innlichen Augenblicke im Leben,
da__ alle__ soll dir viel __pa__ bereiten
und erheitern dir zukünftige Zeiten.
Ich wün__che dir Ge__undheit und alle__ Gute!
Deine Ute

3. Welchen s-Laut hast du gesetzt? Begründe an mindestens 5 Beispielen!

_____

_____

_____

_____

Level V: Klaus, das Krokodil

Klaus hat sich sehr über die Geburtstagsrede seiner Freundin gefreut. Allerdings konnte er nicht alles verstehen, da er Wasser im Ohr hatte. Ihr müsst ihm nun helfen und einige Sätze wiederholen. Damit ihr wirklich sicher sein könnt, dass Klaus nun alles versteht, bestimmt zusätzlich die Wortarten.

1. **Lies die folgenden Sätze.**

2. **Bestimme die unterstrichenen Wörter. In dem Kästchen sind alle Wortarten aufgeführt, die du dafür brauchst.**

Tipp: Streiche die zugeordneten Bezeichnungen durch.

Adjektiv	Temporaladverb	Possessivpronomen
Temporaladverb	Verb	Substantiv
Substantiv	Personalpronomen	unbestimmter Artikel
	Verb	

<u>Nun</u> bist <u>du</u> schon siebzehn <u>Jahre</u> alt.

_____

<u>Heute</u> <u>ist</u> <u>ein</u> Tag zu deinen <u>Ehren</u>.

_____

<u>Deine</u> Gäste <u>sollen</u> dir <u>viele</u> Geschenke bringen.

_____

Level V: Klaus, das Krokodil

Klaus hat sich sehr über die Geburtstagsrede seiner Freundin gefreut. Allerdings konnte er nicht alles verstehen, da er Wasser im Ohr hatte. Ihr müsst ihm nun helfen und einige Sätze wiederholen. Damit ihr wirklich sicher sein könnt, dass Klaus nun alles versteht, bestimmt zusätzlich die Wortarten.

1. **Lies die folgenden Sätze.**

2. **Bestimme die unterstrichenen Wörter. Achte dabei auf eine möglichst genaue Bezeichnung der Wortarten.**

Tipp: Es gibt sieben verschiedene Arten von Pronomen, zum Beispiel das Demonstrativ-, Personal-, Possessiv- oder Relativpronomen. Bei den Adverbien verhält es sich ähnlich. Sie werden in Modal-, Temporal-, Kausal- und Lokaladverbien unterschieden.

<u>Nun</u> bist <u>du</u> schon siebzehn <u>Jahre</u> alt.

_____

<u>Dein</u> <u>Alter</u> <u>ist</u> dir nicht anzusehen.

_____

<u>Heute</u> <u>ist</u> <u>ein</u> Tag zu deinen <u>Ehren</u>.

_____

<u>Deine</u> Gäste <u>sollen</u> dir <u>viele</u> Geschenke bringen.

_____

Level V: Klaus, das Krokodil

Klaus hat sich sehr über die Geburtstagsrede seiner Freundin gefreut. Allerdings konnte er nicht alles verstehen, da er Wasser im Ohr hatte. Ihr müsst ihm nun helfen und einige Sätze wiederholen. Damit ihr wirklich sicher sein könnt, dass Klaus nun alles versteht, bestimmt zusätzlich die Wortarten.

1. **Lies die folgenden Sätze.**

2. **Bestimme die unterstrichenen Wörter.**

Tipp: Achte dabei auf eine möglichst genaue Bezeichnung der Wortarten.

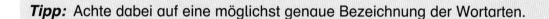

Nun   bist   du   schon   siebzehn   Jahre   alt.

_____

Dein   Alter   ist   dir   nicht   anzusehen.

_____

Heute   ist   ein   Tag   zu   deinen   Ehren.

_____

Deine   Gäste   sollen   dir   viele   Geschenke   bringen.

_____

Level VI: Der Nil

Als Belohnung für eure Hilfe lädt Klaus deinen Freund zu seiner Feier ein, aber dieser lehnt dankend ab und begibt sich auf den weiteren Weg. Schnell erkennt ihr beide, dass sofort das nächste Hindernis auf euch wartet: der Nil. Wie soll dein Freund diesen nur überqueren? Es sieht so aus, als wenn eure Mission nun unfreiwillig beendet wird, denn das Schwimmen wäre zu gefährlich und eine Alternative ist nicht in Sicht. Doch wie ein Wunder erhebt sich aus der Erde eine Dattelpalme, in deren Stamm viele verschiedene Zahlen eingeritzt sind. Jedoch weiß keiner von euch, was diese bedeuten sollen.

1. **Schaue dir die Zahlenfolge genau an. Hast du eine Idee, wie aus dieser ein Zauberspruch werden kann?**

2. **Schreibe den Zauberspruch abschließend auf und sage ihn deinem Freund!**
   Dies geschieht auf eine telepathische Art und Weise. Dein Freund kann dich zwar nicht direkt hören, ist aber in der Lage, deine Gedanken zu lesen und zu verfolgen. Sprich den Zauberspruch also leise für dich. Dein Freund wird ihn dann empfangen.

Tipp: Das Alphabet hat 26 Buchstaben. Die Zahl 1 steht für den Buchstaben A. Umlaute bestehen aus zwei Zahlen.

Eine lange Zeit verstreicht, bis dir endlich die Lösung einfällt. Du sagst deinem Freund den Zauberspruch. Im gleichen Augenblick versinkt die Palme wieder und eure Hilfe naht.

 Level VI: Der Nil

Als Belohnung für eure Hilfe lädt Klaus deinen Freund zu seiner Feier ein, aber dieser lehnt dankend ab und begibt sich auf den weiteren Weg. Schnell erkennt ihr beide, dass sofort das nächste Hindernis auf euch wartet: der Nil. Wie soll dein Freund diesen nur überqueren? Es sieht so aus, als wenn eure Mission nun unfreiwillig beendet wird, denn das Schwimmen wäre zu gefährlich und eine Alternative ist nicht in Sicht. Doch wie ein Wunder erhebt sich aus der Erde eine Dattelpalme, in deren Stamm viele verschiedene Zahlen eingeritzt sind. Jedoch weiß keiner von euch, was diese bedeuten sollen.

1. **Schaue dir die Zahlenfolge genau an.**
   Hast du eine Idee, wie aus dieser ein Zauberspruch werden kann?

2. **Schreibe den Zauberspruch abschließend auf und sage ihn deinem Freund!**
   Dies geschieht auf eine telepathische Art und Weise. Dein Freund kann dich zwar nicht direkt hören, ist aber in der Lage, deine Gedanken zu lesen und zu verfolgen. Sprich den Zauberspruch also leise für dich. Dein Freund wird ihn dann empfangen.

Tipp: Das Alphabet hat 26 Buchstaben.

```
6  12   9   5   7      11  18   1   14   9   3   8,   6  12   9   5   7!
   8    5   2      13   9   3   8       21   5   2   5   18      4   5  14
        14   9  12       13   9  20        5   9  14   5  13
                 11  18   1   5   6  20   9   7   5  14
              6  12  21   5   7   5  12   8   9   5   2!
```

_____

_____

_____

_____

_____

_____

Eine lange Zeit verstreicht, bis dir endlich die Lösung einfällt. Du sagst deinem Freund den Zauberspruch. Im gleichen Augenblick versinkt die Palme wieder und eure Hilfe naht.

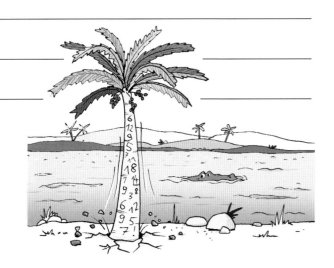

Level VI: Der Nil

Als Belohnung für eure Hilfe lädt Klaus deinen Freund zu seiner Feier ein, aber dieser lehnt dankend ab und begibt sich auf den weiteren Weg. Schnell erkennt ihr beide, dass sofort das nächste Hindernis auf euch wartet: der Nil. Wie soll dein Freund diesen nur überqueren? Es sieht so aus, als wenn eure Mission nun unfreiwillig beendet wird, denn das Schwimmen wäre zu gefährlich und eine Alternative ist nicht in Sicht. Doch wie ein Wunder erhebt sich aus der Erde eine Dattelpalme, in deren Stamm viele verschiedene Zahlen eingeritzt sind. Jedoch weiß keiner von euch, was diese bedeuten sollen.

1. **Schaue dir die Zahlenfolge genau an.**
   Hast du eine Idee, wie aus dieser ein Zauberspruch werden kann?

2. **Schreibe den Zauberspruch abschließend auf und sage ihn deinem Freund!**
   Dies geschieht auf eine telepathische Art und Weise. Dein Freund kann dich zwar nicht direkt hören, ist aber in der Lage, deine Gedanken zu lesen und zu verfolgen. Sprich den Zauberspruch also leise für dich. Dein Freund wird ihn dann empfangen.

_____

_____

_____

_____

_____

Eine lange Zeit verstreicht, bis dir endlich die Lösung einfällt. Du sagst deinem Freund den Zauberspruch. Im gleichen Augenblick versinkt die Palme wieder und eure Hilfe naht.

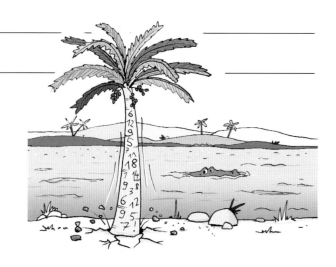

Level VII: Die Wüste

Dein Freund hat den Nil hinter sich gelassen. Vor ihm liegt jetzt jedoch nur Wüste. Die bisherigen Abenteuer haben an der Kraft deines Freundes gezerrt und er wird immer schwächer. Nun bist du an der Reihe. Du musst es schaffen, dass dein Freund während des Ganges durch die Wüste nicht verzweifelt. Am besten wäre es, wenn du ihn ablenken könntest. Eine Geschichte würde dabei helfen. Da dein Freund aber gern liest und daher alle Geschichten kennt, die dir auf die Schnelle einfallen, musst du dir eine neue Erzählung einfallen lassen.

1. Schreibe eine Erzählung. Suche dir dafür zunächst eine Überschrift aus.

> Eine neue Pyramide für Kleopatra
> Gefangen in der Wüste
> Der entführte Pharao
> Der ausgetrocknete Nil
> Eine Klassenfahrt nach Ägypten
> Die verrückte Sphinx

2. Sammle als Nächstes Ideen. Schreibe sie in Stichpunkten auf.

Level VII: Die Wüste

3. **Verfasse abschließend einen Fließtext. Lass deiner Fantasie freien Lauf!**

Tipp: Vermeide Wortwiederholungen und halte die Zeitform ein!
Versuche, die wörtliche Rede einzubauen!

4. **Lies deinem Freund die Erzählung vor. Denk an die telepathischen Kräfte. Es reicht also, den Text ganz leise zu lesen.**

Level VII: Die Wüste

Dein Freund hat den Nil hinter sich gelassen. Vor ihm liegt jetzt jedoch nur Wüste. Die bisherigen Abenteuer haben an der Kraft deines Freundes gezerrt und er wird immer schwächer. Nun bist du an der Reihe. Du musst es schaffen, dass dein Freund während des Ganges durch die Wüste nicht verzweifelt. Am besten wäre es, wenn du ihn ablenken könntest. Eine Geschichte würde dabei helfen. Da dein Freund aber gern liest und daher alle Geschichten kennt, die dir auf die Schnelle einfallen, musst du dir eine neue Erzählung einfallen lassen.

1. Schreibe eine Erzählung. Suche dir dafür zunächst eine Überschrift aus.

Eine neue Pyramide für Kleopatra
Gefangen in der Wüste
Der entführte Pharao
Der ausgetrocknete Nil
Eine Klassenfahrt nach Ägypten
Die verrückte Sphinx

2. Sammle als Nächstes Ideen. Schreibe sie in Stichpunkten auf.

Level VII: Die Wüste

3. **Verfasse abschließend einen Fließtext. Lass deiner Fantasie freien Lauf!**

Tipp: Versuche, die wörtliche Rede einzubauen!

4. **Lies deinem Freund die Erzählung vor. Denk an die telepathischen Kräfte. Es reicht also, den Text ganz leise zu lesen.**

5. **Welche Überschrift fällt dir zu deiner Erzählung noch ein? Schreibe sie auf.**

Level VII: Die Wüste

Dein Freund hat den Nil hinter sich gelassen. Vor ihm liegt jetzt jedoch nur Wüste. Die bisherigen Abenteuer haben an der Kraft deines Freundes gezerrt und er wird immer schwächer. Nun bist du an der Reihe. Du musst es schaffen, dass dein Freund während des Ganges durch die Wüste nicht verzweifelt. Am besten wäre es, wenn du ihn ablenken könntest. Eine Geschichte würde dabei helfen. Da dein Freund aber gern liest und daher alle Geschichten kennt, die dir auf die Schnelle einfallen, musst du dir eine neue Erzählung einfallen lassen.

1. Schreibe eine Erzählung. Suche dir dafür zunächst eine Überschrift aus.

Eine neue Pyramide für Kleopatra
Gefangen in der Wüste
Der entführte Pharao
Der ausgetrocknete Nil
Eine Klassenfahrt nach Ägypten
Die verrückte Sphinx

2. Sammle als Nächstes Ideen. Schreibe sie in Stichpunkten auf.

Level VII: Die Wüste

3. Verfasse abschließend einen Fließtext. Lass deiner Fantasie freien Lauf!

4. Lies deinem Freund die Erzählung vor. Denk an die telepathischen Kräfte. Es reicht also, den Text ganz leise zu lesen.

5. Welche Überschrift fällt dir zu deiner Erzählung noch ein? Schreibe sie auf.

Level VIII: Die Dünen

Obwohl du deinen Freund mit deiner Erzählung aufmuntern konntest, muss er sich jetzt erst einmal ausruhen. Seine Füße schmerzen und er sucht sich einen schattigen Platz in den Dünen. Diese Pause verbringt ihr gemeinsam mit dem folgenden Pyramidenrätsel.

1. **Vervollständige die Substantive, indem du die fehlenden Konsonanten einsetzt.**

2. **Erkläre an 3 Beispielen deine Schreibweise (Stammwortableitung, Verlängerungsprobe u. a.).**

_____

_____

_____

_____

3. **Benenne 4 (2 Paare) ähnlich klingende Konsonanten.**

_____

Level VIII: Die Dünen

Obwohl du deinen Freund mit deiner Erzählung aufmuntern konntest, muss er sich jetzt erst einmal ausruhen. Seine Füße schmerzen und er sucht sich einen schattigen Platz in den Dünen. Diese Pause verbringt ihr gemeinsam mit dem folgenden Pyramidenrätsel.

1. **Vervollständige die Wörter, indem du die fehlenden Buchstaben einsetzt. Achte darauf, dass sinnvolle Wörter entstehen.**

2. **Erkläre an 4 Beispielen deine Schreibweise (Verlängerungsprobe u. a.).**

_____

_____

_____

_____

3. **Benenne 6 (3 Paare) ähnlich klingende Konsonanten.**

_____

Level VIII: Die Dünen

Obwohl du deinen Freund mit deiner Erzählung aufmuntern konntest, muss er sich jetzt erst einmal ausruhen. Seine Füße schmerzen und er sucht sich einen schattigen Platz in den Dünen. Diese Pause verbringt ihr gemeinsam mit dem folgenden Pyramidenrätsel.

1. Vervollständige die Wörter, indem du die fehlenden Buchstaben einsetzt.

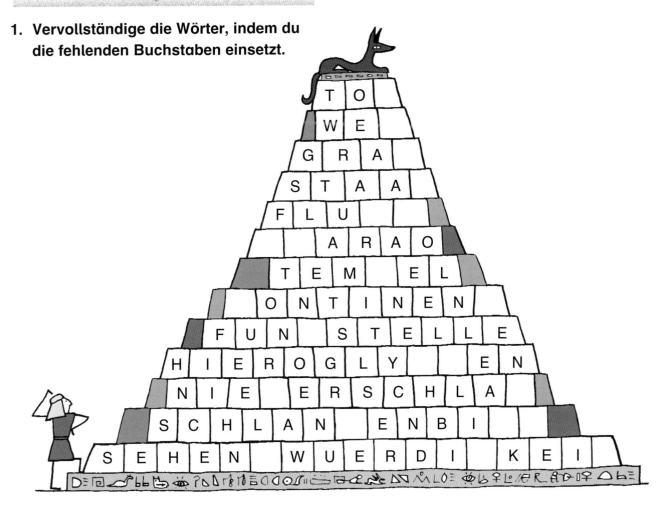

2. Erkläre an 5 Beispielen deine Schreibweise.

_____

_____

_____

_____

3. Benenne alle ähnlich klingende Konsonanten.

_____

Level IX: Die Sphinx

Dein Freund verlässt die Wüste und kommt zur Sphinx. Diese ist vom ewigen Liegen gelangweilt und wünscht sich eine Beschäftigung. Auf Spielen, Rätseln oder Erzählen hat sie keine Lust. Sie möchte gern etwas lesen. Der Text soll aber mit Bildern unterlegt sein. Eine Möglichkeit dieser Textart ist der Comic. Genau einen solchen entwickelt ihr für die Sphinx.

Tipp: Comic ist die Bezeichnung für eine Form der Kunst, die in einer **Folge von Bildern** einen **Vorgang beschreibt** oder eine **Geschichte erzählt**. Meist sind die Bilder gezeichnet und werden mit einem erzählendem Text oder der wörtlichen Rede kombiniert.

1. **Überlege dir, welche Personen an welchem Ort wie handeln. Notiere dies in Stichpunkten.**

Level IX: Die Sphinx

2. **Male deine Vorstellungen in die vorgegebenen Kästchen.**

3. **Schreibe zu deinen Bildern den passenden Text.**

Tipp: Vergiss nicht die Überschrift!

Level IX: Die Sphinx

Dein Freund verlässt die Wüste und kommt zur Sphinx. Diese ist vom ewigen Liegen gelangweilt und wünscht sich eine Beschäftigung. Auf Spielen, Rätseln oder Erzählen hat sie keine Lust. Sie möchte gern etwas lesen. Der Text soll aber mit Bildern unterlegt sein. Eine Möglichkeit dieser Textart ist der Comic. Genau einen solchen entwickelt ihr für die Sphinx.

Tipp: Comic ist die Bezeichnung für eine Form der Kunst, die in einer **Folge von Bildern** einen **Vorgang beschreibt** oder eine **Geschichte erzählt**.

1. **Überlege dir, welche Personen an welchem Ort wie handeln. Notiere dies in Stichpunkten.**

Level IX: Die Sphinx

2. Male deine Vorstellungen in die vorgegebenen Kästchen.

3. Schreibe zu deinen Bildern den passenden Text.

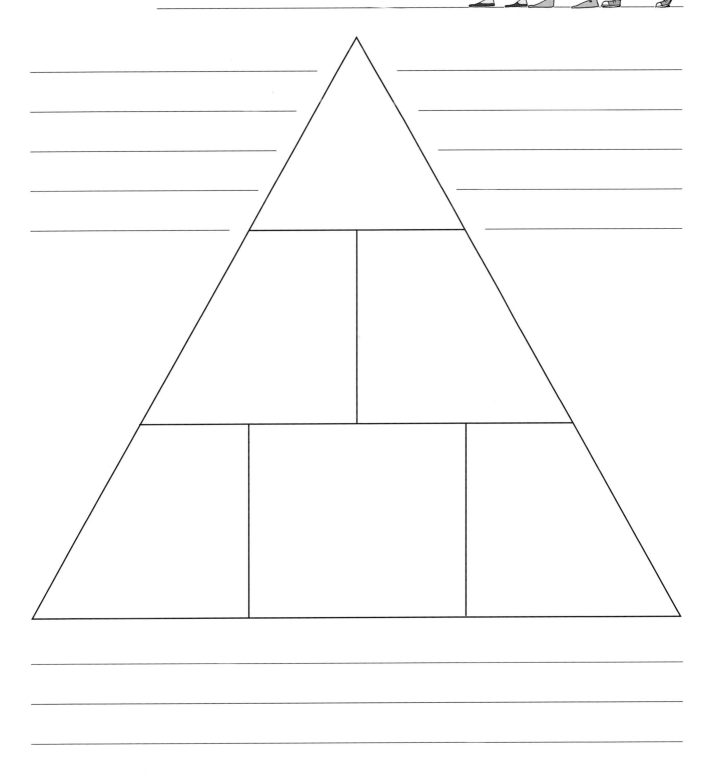

Level IX: Die Sphinx

Dein Freund verlässt die Wüste und kommt zur Sphinx. Diese ist vom ewigen Liegen gelangweilt und wünscht sich eine Beschäftigung. Auf Spielen, Rätseln oder Erzählen hat sie keine Lust. Sie möchte gern etwas lesen. Der Text soll aber mit Bildern unterlegt sein. Eine Möglichkeit dieser Textart ist der Comic. Genau einen solchen entwickelt ihr für die Sphinx.

1. Überlege dir, welche Personen an welchem Ort wie handeln. Notiere dies in Stichpunkten.

Level IX: Die Sphinx

2. **Male deine Vorstellungen in die vorgegebenen Kästchen.**
3. **Schreibe zu deinen Bildern den passenden Text.**

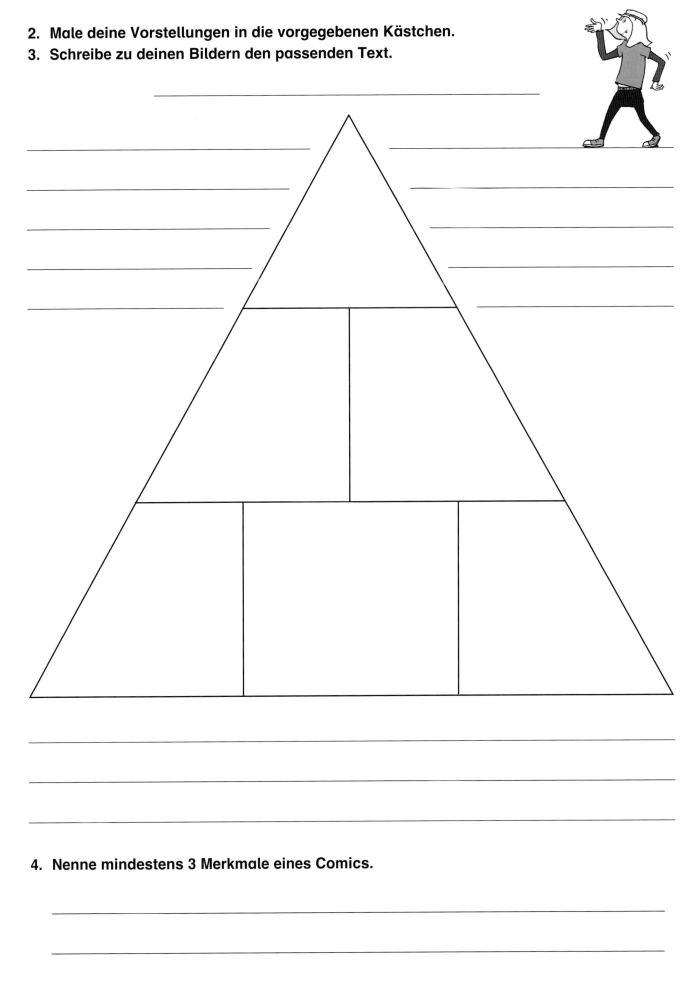

4. **Nenne mindestens 3 Merkmale eines Comics.**

Level X: Die Pyramide

Ihr seid eurem Ziel nun ein Stück näher gekommen. Dein Freund steht direkt vor der Pyramide. Allerdings ist diese verschlossen und lässt sich nur durch die richtige Beantwortung von vier Quizfragen öffnen. Zu jeder Frage sind zwei Antworten vorgegeben, doch nur eine ist richtig. Wenn ihr gemeinsam alle vier Fragen beantworten könnt, wird sich die Tür öffnen, und dein Freund kann die Pyramide betreten.

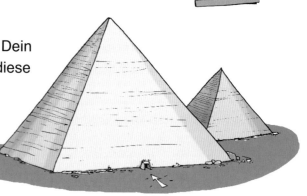

Lies die Fragen und Antworten. Kreuze die richtige Antwort an.

Wo liegt Ägypten?

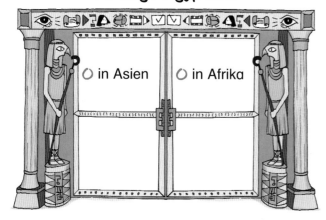

○ in Asien   ○ in Afrika

Welche Sprache wird in Ägypten gesprochen?

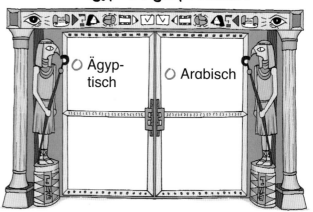

○ Ägyptisch   ○ Arabisch

An welches Meer grenzt Ägypten?

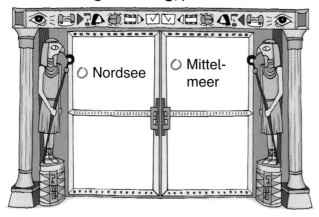

○ Nordsee   ○ Mittelmeer

Was ist in Ägypten nicht zu finden?

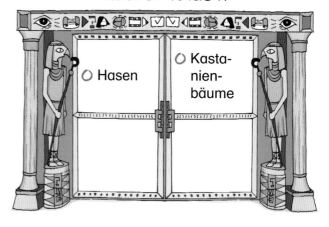

○ Hasen   ○ Kastanienbäume

Level X: Die Pyramide

Ihr seid eurem Ziel nun ein Stück näher gekommen. Dein Freund steht direkt vor der Pyramide. Allerdings ist diese verschlossen und lässt sich nur durch die richtige Beantwortung von vier Quizfragen öffnen. Zu jeder Frage sind drei Antworten vorgegeben, doch nur eine ist richtig. Wenn ihr gemeinsam alle vier Fragen beantworten könnt, wird sich die Tür öffnen, und dein Freund kann die Pyramide betreten.

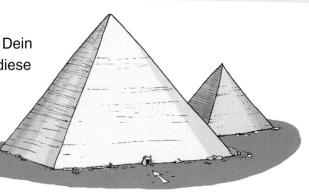

Lies die Fragen und Antworten. Kreuze die richtige Antwort an.

Wo liegt Ägypten?

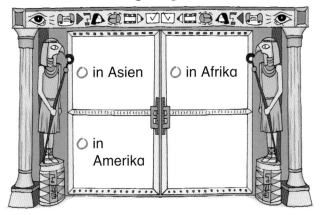

○ in Asien ○ in Afrika
○ in Amerika

Welche Sprache wird in Ägypten gesprochen?

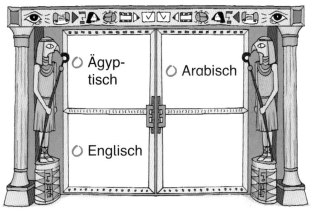

○ Ägyptisch ○ Arabisch
○ Englisch

An welches Meer grenzt Ägypten?

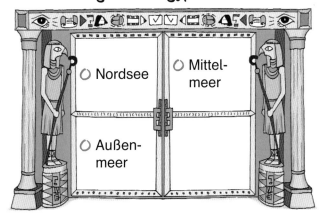

○ Nordsee ○ Mittelmeer
○ Außenmeer

Was ist in Ägypten nicht zu finden?

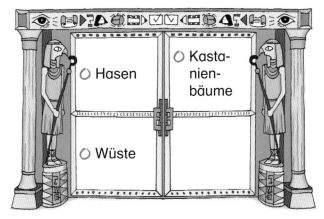

○ Hasen ○ Kastanienbäume
○ Wüste

Level X: Die Pyramide

Ihr seid eurem Ziel nun ein Stück näher gekommen. Dein Freund steht direkt vor der Pyramide. Allerdings ist diese verschlossen und lässt sich nur durch die richtige Beantwortung von vier Quizfragen öffnen. Zu jeder Frage sind vier Antworten vorgegeben, doch nur eine ist richtig. Wenn ihr gemeinsam alle vier Fragen beantworten könnt, wird sich die Tür öffnen, und dein Freund kann die Pyramide betreten.

Lies die Fragen und Antworten. Kreuze die richtige Antwort an.

Wo liegt Ägypten?

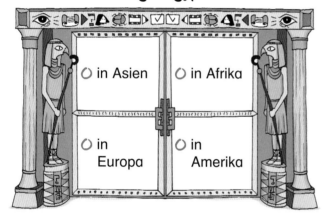

○ in Asien   ○ in Afrika
○ in Europa   ○ in Amerika

Welche Sprache wird in Ägypten gesprochen?

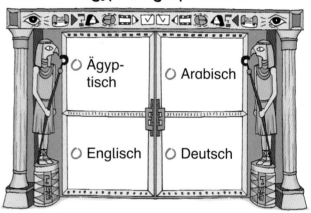

○ Ägyptisch   ○ Arabisch
○ Englisch   ○ Deutsch

An welches Meer grenzt Ägypten?

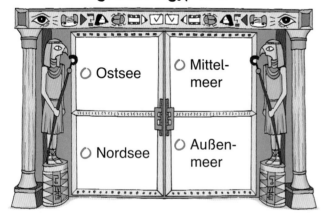

○ Ostsee   ○ Mittelmeer
○ Nordsee   ○ Außenmeer

Was ist in Ägypten nicht zu finden?

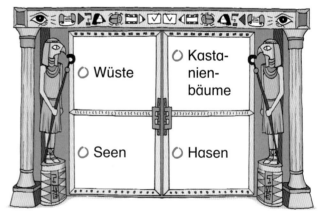

○ Wüste   ○ Kastanienbäume
○ Seen   ○ Hasen

Level XI: Kleopatra

In der Pyramide wird dein Freund schon von Kleopatra erwartet. Diese berichtet ihm von ihrem Leben. Hinterher möchte sie sicher sein, dass sich dein Freund auch alles gemerkt hat. Daher lässt sie ihn nur weitergehen, wenn er drei Fragen beantwortet hat.

1. **Lies den Text. Leider sind *sämtliche* Satzzeichen verschwunden. Setze diese.**

Tipp: Es fehlen sowohl die Satzschlusszeichen als auch die Kommas.

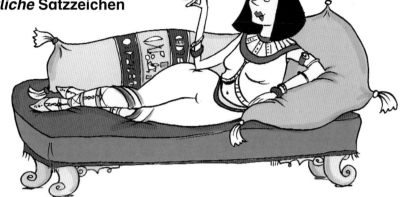

Kleopatra wurde im Jahr 51 vor Christus zur ägyptischen Königin gekürt Zu dieser Zeit spielte Ägypten im Mittelmeerraum eine große Rolle Kleopatra war hochbegabt und gebildet denn sie beherrschte mehrere Sprachen und ging gern philosophischen und mathematischen Fragen nach Unter ihrer Herrschaft entwickelten sich das Steuer- und Bankenwesen sowie der größte Hafen der antiken Welt Alexandria Daneben sorgte sie auch dafür **dass** eines der sieben Weltwunder der Antike der Leuchtturm von Pharos entstand Neben all diesen schönen Dingen musste Kleopatra jedoch auch schlechte Zeiten durchlaufen Der Tod ihres Vaters zwang sie zu einem Bündnis mit den ungeliebten Römern Sie ging eine Beziehung mit Cäsar ein aus welcher ein Kind entstand **das** Cäsar jedoch nie akzeptierte Rom sollte leider noch schlechtere Zeiten bringen Der römische Kaiser Augustus besiegte die ägyptische Königin zwang sie in die Flucht und letztlich im Alter von 40 Jahren in einen Selbstmord durch den giftigen Biss einer Schlange

2. **In den Zeilen 6 und 10 findest du die fett gedruckten Wörter ‚dass' und ‚das'. Erkläre die unterschiedlichen Schreibweisen.**

Level XI: Kleopatra

3. **Bestimme die unterstrichenen Satzglieder. In dem Kästchen findest du alle Bezeichnungen, die du dafür brauchst. Ordne diese zu!**

Genitivobjekt • lokale Adverbialbestimmung • Akkusativobjekt • Subjekt • Prädikat

_____

_____

_____

_____

4. **Beantworte anschließend in Stichpunkten folgende Fragen:**

a) Wann wurde Kleopatra zur Königin gekürt?

_____

b) Welches Weltwunder der Antike wurde unter der Herrschaft Kleopatras erbaut?

_____

c) Wie alt wurde Kleopatra?

_____

Level XI: Kleopatra

In der Pyramide wird dein Freund schon von Kleopatra erwartet. Diese berichtet ihm von ihrem Leben. Hinterher möchte sie sicher sein, dass sich dein Freund auch alles gemerkt hat. Daher lässt sie ihn nur weitergehen, wenn er vier Fragen beantwortet hat.

1. Lies den Text. Leider sind *sämtliche* Satzzeichen verschwunden. Setze diese.

Tipp: Es fehlen sowohl die Satzschlusszeichen als auch die Kommas.

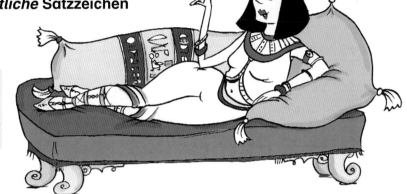

Kleopatra wurde im Jahr 51 vor Christus zur ägyptischen Königin gekürt Zu dieser Zeit spielte Ägypten im Mittelmeerraum eine große Rolle Kleopatra war hochbegabt und gebildet denn sie beherrschte mehrere Sprachen und ging gern philosophischen und mathematischen Fragen nach Unter ihrer Herrschaft entwickelten sich das Steuer- und Bankenwesen sowie der größte Hafen der antiken Welt Alexandria Daneben sorgte sie auch dafür **dass** eines der sieben Weltwunder der Antike der Leuchtturm von Pharos entstand Neben all diesen schönen Dingen musste Kleopatra jedoch auch schlechte Zeiten durchlaufen Der Tod ihres Vaters zwang sie zu einem Bündnis mit den ungeliebten Römern Sie ging eine Beziehung mit Cäsar ein aus welcher ein Kind entstand **das** Cäsar jedoch nie akzeptierte Rom sollte leider noch schlechtere Zeiten bringen Der römische Kaiser Augustus besiegte die ägyptische Königin zwang sie in die Flucht und letztlich im Alter von 40 Jahren in einen Selbstmord durch den giftigen Biss einer Schlange

2. In den Zeilen 6 und 10 findest du die fett gedruckten Wörter ‚dass' und ‚das'. Erkläre die unterschiedlichen Schreibweisen.

Level XI: Kleopatra

3. Bestimme die unterstrichenen Satzglieder möglichst exakt.

Tipp: Objekte unterscheiden sich im Kasus und Adverbialbestimmungen nach ihren jeweiligen Funktionen.

4. Beantworte anschließend folgende Fragen in ganzen Sätzen:

a) Wann wurde Kleopatra zur Königin gekürt?

b) Welches Weltwunder der Antike wurde unter der Herrschaft Kleopatras erbaut?

c) Wie alt wurde Kleopatra?

d) Warum und wie starb Kleopatra?

Level XI: Kleopatra

In der Pyramide wird dein Freund schon von Kleopatra erwartet. Diese berichtet ihm von ihrem Leben. Hinterher möchte sie sicher sein, dass sich dein Freund auch alles gemerkt hat. Daher lässt sie ihn nur weitergehen, wenn er fünf Fragen beantwortet hat.

1. Lies den Text. Leider sind *sämtliche* Satzzeichen verschwunden. Setze diese.

Tipp: Es fehlen sowohl die Satzschlusszeichen als auch die Kommas.

Kleopatra wurde im Jahr 51 vor Christus zur ägyptischen Königin gekürt Zu dieser Zeit spielte Ägypten im Mittelmeerraum eine große Rolle Kleopatra war hochbegabt und gebildet denn sie beherrschte mehrere Sprachen und ging gern philosophischen und mathematischen Fragen nach Unter ihrer Herrschaft entwickelten sich das Steuer- und Bankenwesen sowie der größte Hafen der antiken Welt Alexandria Daneben sorgte sie auch dafür **dass** eines der sieben Weltwunder der Antike der Leuchtturm von Pharos entstand Neben all diesen schönen Dingen musste Kleopatra jedoch auch schlechte Zeiten durchlaufen Der Tod ihres Vaters zwang sie zu einem Bündnis mit den ungeliebten Römern Sie ging eine Beziehung mit Cäsar ein aus welcher ein Kind entstand **das** Cäsar jedoch nie akzeptierte Rom sollte leider noch schlechtere Zeiten bringen Der römische Kaiser Augustus besiegte die ägyptische Königin zwang sie in die Flucht und letztlich im Alter von 40 Jahren in einen Selbstmord durch den giftigen Biss einer Schlange

2. In den Zeilen 6 und 10 findest du die fett gedruckten Wörter ‚dass' und ‚das'. Erkläre die unterschiedlichen Schreibweisen.

_____

_____

_____

_____

Level XI: Kleopatra

3. Bestimme die unterstrichenen Satzglieder möglichst exakt.

4. Beantworte anschließend folgende Fragen in ganzen Sätzen:

   a) Wann wurde Kleopatra zur Königin gekürt?

   b) Welches Weltwunder der Antike wurde unter der Herrschaft Kleopatras erbaut?

   c) Wie alt wurde Kleopatra?

   d) Warum und wie starb Kleopatra?

   e) Wer war der Vater von Kleopatras Kind?

Level XII: Die Mumie

Nun hast du deinen Freund bis zur Mumie navigiert. Der Schatz ist in greifbarer Nähe. Jetzt muss nur noch diese eine Hürde überwunden werden. Doch wie wollt ihr das schaffen? Schnell recherchierst du im Internet über die Schwächen dieses unheimlichen Wesens und wirst fündig. Ein Witz, der die Mumie in ein unaufhörliches Lachen stürzt, ist eure einzige Möglichkeit. Doch du musst dich beeilen!

1. **Schreibe einen Witz, den du deinem Freund diktieren kannst. Er muss diesen dann mit einer perfekten Betonung vortragen. Gespannt hörst du zu ...**

Tipp: Der Witz muss nicht in einem Zusammenhang mit Ägypten stehen.
Du kannst auch in der Zeitung nach einem Witz suchen und diesen abschreiben.

Level XII: Die Mumie

2. Das Ende dieser Computermission ist offen. Entscheide selbst, ob es ein gutes oder ein schlechtes sein soll. Schreibe anschließend dein eigenes Ende!

Tipp: Halte die Zeitform ein und vermeide Wortwiederholungen!

Level XII: Die Mumie

Nun hast du deinen Freund bis zur Mumie navigiert. Der Schatz ist in greifbarer Nähe. Jetzt muss nur noch diese eine Hürde überwunden werden. Doch wie wollt ihr das schaffen? Schnell recherchierst du im Internet über die Schwächen dieses unheimlichen Wesens und wirst fündig. Ein Witz, der die Mumie in ein unaufhörliches Lachen stürzt, ist eure einzige Möglichkeit. Doch du musst dich beeilen!

1. **Schreibe einen Witz, den du deinem Freund diktieren kannst. Er muss diesen dann mit einer perfekten Betonung vortragen. Gespannt hörst du zu ...**

Tipp: Der Witz muss nicht in einem Zusammenhang mit Ägypten stehen.

Level XII: Die Mumie

2. Das Ende dieser Computermission ist offen. Entscheide selbst, ob es ein gutes oder ein schlechtes sein soll. Schreibe anschließend dein eigenes Ende!

Tipp: Halte die Zeitform ein!

Level XII: Die Mumie

Nun hast du deinen Freund bis zur Mumie navigiert. Der Schatz ist in greifbarer Nähe. Jetzt muss nur noch diese eine Hürde überwunden werden. Doch wie wollt ihr das schaffen? Schnell recherchierst du im Internet über die Schwächen dieses unheimlichen Wesens und wirst fündig. Ein Witz, der die Mumie in ein unaufhörliches Lachen stürzt, ist eure einzige Möglichkeit. Doch du musst dich beeilen!

1. Schreibe einen Witz, den du deinem Freund diktieren kannst. Er muss diesen dann mit einer perfekten Betonung vortragen. Gespannt hörst du zu ...

Level XII: Die Mumie

2. **Das Ende dieser Computermission ist offen. Entscheide selbst, ob es ein gutes oder ein schlechtes sein soll. Schreibe anschließend dein eigenes Ende!**

WOCHENPLAN

Für die Zeit vom _____ bis _____

Fach: _____

Name: _____

Wochenthema: _____

LEVEL:

I _____	VII _____
II _____	VIII _____
III _____	IX _____
IV _____	X _____
V _____	XI _____
VI _____	XII _____

Lösungen

Level I: Ready, go!

1.

G	A	F	R	I	K	A	K
K	A	M	E	L	N	I	L
P	Y	R	A	M	I	D	E
H	E	H	N	W	S	T	O
A	I	E	E	P	S	E	P
R	I	N	H	E	A	S	A
A	E	I	U	G	Y	E	T
O	N	W	P	T	E	L	R
X	R	K	A	I	R	O	A

2. Lösung: Gehn wie ein Ägypter

Level II: Der Lotusbaum

1./2.

Die Ärzte

Gehn wie ein Ägypter

Ich war in Kairo und auch am blauen Nil war ich schon einmal,
und selbstverständlich war ich auch am Suezkanal.
Ich war in Gizeh, dort wo die drei spitzen Pyramiden stehen.
Ich sah die Sphinx und glaubt mir, ich fand sie wunderschön.
Aber eins fand ich ziemlich schwer:
Gehn wie ein Ägypter.

3. (Profi)
   Substantivierung von Verben: das Laufen, das Sprechen, das Sehen
   Substantivierung von Adjektiven: das Rot, die Schnelligkeit, etwas Kreatives

Level III: Der Schakal

1. Merkmale einer Fabel:
   * kurze Erzählung
   * belehrende Absicht
   * Tiere besitzen menschliche Eigenschaften (Personifikation)
   * Schlusspointe mit meist allgemeingültiger Moral

Lösungen

2. Gründer der Fabel: Äsop

3. Schreiben der Fabel: Bewertungskriterien
   * Einbauen der 5 vorgegebenen Wörter
   * Einleitung, Hauptteil, Schluss
   * Schreiben einer Pointe verbunden mit einer Moral
   * Tiere als Hauptfiguren handeln lassen
   * wörtliche Rede
   * Einhalten der Zeitform
   * Vermeiden von Wortwiederholungen
   * Rechtschreibung, Ausdruck, Grammatik
   * Originalität

Level IV: Die Kobra

1. s-Laute: s, ss, ß

2.

Lieber Klaus,

nun bist du schon siebzehn Jahre alt,
doch deine Haut ist noch immer frisch und kalt.
Dein Alter ist dir nicht anzusehen,
hoffentlich werden wir gemeinsam noch durch viele Jahre gehen.
Ich wünsche dir, dass du gelassen bleibst
und allen die kalte Schulter zeigst,
die glauben, dass deine besten Jahre vorbei wären.
Heute ist ein Tag zu deinen Ehren,
drum lass uns feiern, tanzen und singen.
Deine Gäste sollen dir viele Geschenke bringen.
Ob Vasen für die Blumensträuße, Bücher zum Lesen
oder Musik für die sinnlichen Augenblicke im Leben,
das alles soll dir viel Spaß bereiten
und erheitern dir zukünftige Zeiten.
Ich wünsche dir Gesundheit und alles Gute!

Deine Ute

3. Klaus: Verlängerung Klausi ⇨ s
   siebzehn: sieben, summender s-Laut ⇨ s
   Vase: langer Vokal vor dem s-Laut ⇨ s
   lass: kurzer Vokal vor dem s-Laut ⇨ ss
   Blumensträuße: Zwielaut vor dem s-Laut ⇨ ß
   Lesen: langer Vokal vor dem s-Laut ⇨ s
   Gesundheit: langer Vokal vor dem s-Laut ⇨ s

Lösungen

Level V: Klaus, das Krokodil

2. <u>Nun</u> bist <u>du</u> schon siebzehn <u>Jahre</u> alt.
   Temporaladverb   *Personalpronomen*   *Substantiv*

   <u>Dein</u> <u>Alter</u> <u>ist</u> dir nicht anzusehen.
   Possessivpronomen *Substantiv* *Verb*

   <u>Heute</u> <u>ist</u> <u>ein</u> Tag zu deinen <u>Ehren</u>.
   Temporaladverb *Verb* *unbestimmter Artikel*   *Substantiv*

   <u>Deine</u> Gäste <u>sollen</u> dir <u>viele</u> Geschenke bringen.
   Possessivpronomen   *Verb*   *Adjektiv*

Level VI: Der Nil

1.

A	B	C	D	E	F	G	H	I	J	K	L	M	N	O	P	Q	R	S	T	U	V	W	X	Y	Z
1	2	3	4	5	6	7	8	9	10	11	12	13	14	15	16	17	18	19	20	21	22	23	24	25	26

2.
Flieg Kranich, flieg!
Heb mich über den Nil mit einem kräftigen Flügelhieb!

Level VII: Die Wüste

3. Schreiben einer Erzählung: Bewertungskriterien
   * Überschrift
   * Einleitung, Hauptteil, Schluss
   * Zusammenhang zwischen der Überschrift und der Erzählung
   * Einhalten der Zeitform
   * Vermeiden von Wortwiederholungen
   * wörtliche Rede
   * Rechtschreibung, Ausdruck, Grammatik
   * Originalität

Level VIII: Die Dünen

1.

2. To**d** ⇨ To**d**e
   We**g** ⇨ We**g**e
   Gra**b** ⇨ gra**b**en
   Flu**ss** ⇨ Flü**ss**e
   Kontinen**t** ⇨ Kontinen**t**e
   Fun**d**stelle ⇨ fin**d**en
   Niederschla**g** ⇨ Niederschlä**g**e
   Sehen**s**würdigkei**t** ⇨ Fugen-**s** Sehen + Würdigkeit

3. ähnlich klingende Konsonanten:
   d – t
   b – p
   g – k
   f – v – ph

Lösungen

Level IX: Die Sphinx

2./3. Verfassen eines Comics: Bewertungskriterien
- Zeichnen der Bilder
- Schreiben und Zuordnen des Textes
- Überschrift
- Einleitung, Hauptteil, Schluss
- Zusammenhang zwischen der Überschrift und dem Comic
- Einhalten der Zeitform
- Vermeiden von Wortwiederholungen
- wörtliche Rede
- Rechtschreibung, Ausdruck, Grammatik
- Originalität

4. (Profi)
- einfache Bildsprache
- Sprech- und Denkblasen
- Schriftgestaltung: Ausdruck von Lautstärke und Gefühl (je fetter und größer die Schrift, desto lauter wird gesprochen)
- Geräuschwörter (z. B. BOOOOOOOMMM = Explosion)
- Bewegungslinien

Level X: Die Pyramide

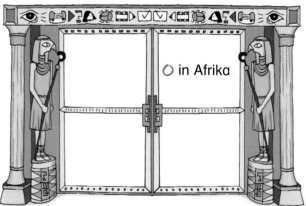
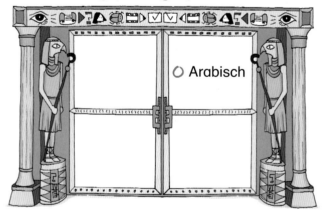

Lösungen

An welches Meer grenzt Ägypten?

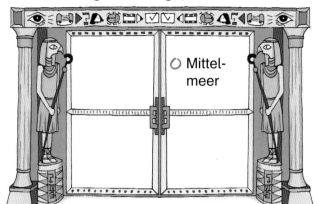

○ Mittelmeer

Was ist in Ägypten nicht zu finden?

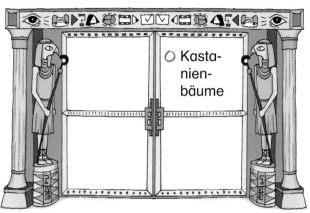

○ Kastanienbäume

Level XI: Kleopatra

1. Kleopatra wurde im Jahr 51 vor Christus zur ägyptischen Königin gekürt. Zu dieser Zeit spielte Ägypten im Mittelmeerraum eine große Rolle. Kleopatra war hochbegabt und gebildet, denn sie beherrschte mehrere Sprachen und ging gern philosophischen und mathematischen Fragen nach. Unter ihrer Herrschaft entwickelten sich das Steuer- und Bankenwesen sowie der größte Hafen der antiken Welt, Alexandria. Daneben sorgte sie auch dafür, dass eines der sieben Weltwunder der Antike, der Leuchtturm von Pharos, entstand. Neben all diesen schönen Dingen musste Kleopatra jedoch auch schlechte Zeiten durchlaufen. Der Tod ihres Vaters zwang sie zu einem Bündnis mit den ungeliebten Römern. Sie ging eine Beziehung mit Cäsar ein, aus welcher ein Kind entstand, das Cäsar jedoch nie akzeptierte. Rom sollte leider noch schlechtere Zeiten bringen. Der römische Kaiser Augustus besiegte die ägyptische Königin, zwang sie in die Flucht und letztlich im Alter von 40 Jahren in einen Selbstmord durch den giftigen Biss einer Schlange.

2. dass = Konjunktion
   das = Relativpronomen

3. Kleopatra = Subjekt
   im Mittelmeerraum = lokale Adverbialbestimmung
   beherrschte = Prädikat
   der antiken Welt = Genitivobjekt
   sie = Subjekt
   eines der sieben Weltwunder der Antike = Subjekt
   musste durchlaufen = Prädikat
   Der Tod ihres Vaters = Subjekt
   Rom = Subjekt
   die ägyptische Königin = Akkusativobjekt

Lösungen

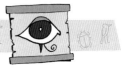

3. a) Kleopatra wurde 51 v. Chr. zur Königin gekürt.

   b) Der Leuchtturm von Pharos wurde unter der Herrschaft Kleopatras erbaut.

   c) Kleopatra wurde 40 Jahre alt.

   d) (Fortgeschrittene/Profis)
   Kleopatra wurde von Augustus besiegt und in die Flucht gezwungen.
   Aus Verzweiflung begann sie Selbstmord mit dem Biss einer giftigen Schlange.

   e) (Profis)
   Cäsar war der Vater von Kleopatras Kind.

Level XII: Die Mumie

1. Schreiben eines Witzes: Bewertungskriterien
   * Rechtschreibung
   * Witzigkeit

2. Schreiben des Endes der „Mission Ägypten": Bewertungskriterien
   * Einhaltung des roten Fadens (Zusammenhang zwischen den bisherigen Erlebnissen und dem nun folgenden Ende)
   * Entscheidung für ein entweder gutes oder schlechtes, lustiges oder trauriges Ende
   * Einhalten der Zeitform
   * Vermeiden von Wortwiederholungen
   * Rechtschreibung, Ausdruck, Grammatik
   * Originalität

Copyrightvermerk

S. 10, 11, 12 Die Ärzte; Gehn wie ein Ägypter (Walk like an Egytian)
   Musik und Originaltext: Liam Sternberg
   Dt. Text: Jan Vetter/Dirk Feldenheimer/Hagen Liebing
   © Copyright 2000 by Peer International Corporation
   Für Deutschland: Peermusic (Germany) GmbH